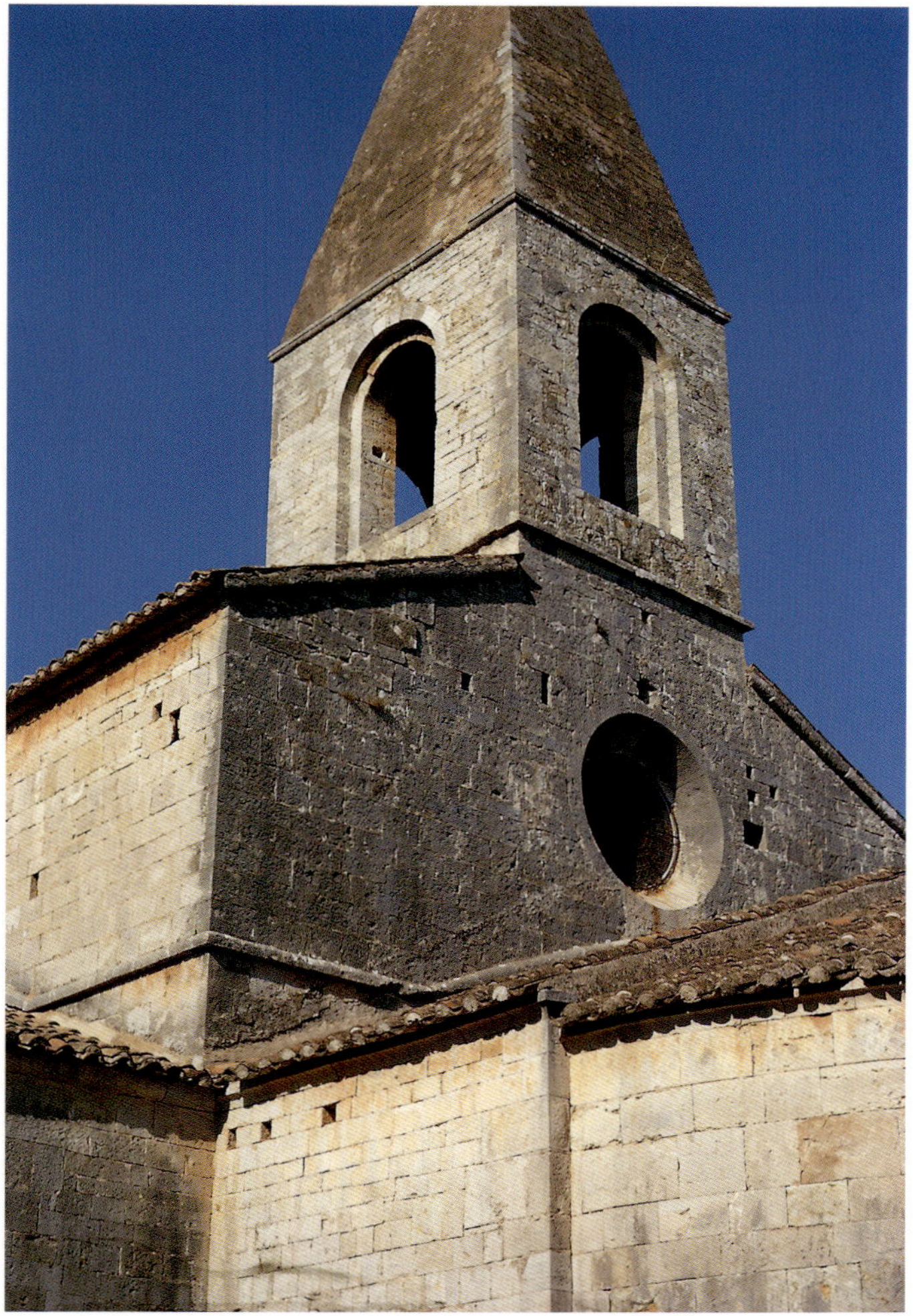

カバー & 口絵写真

ル・トロネ修道院

1967年11月撮影

建築のポートレート

写真・文　香山壽夫

LIXIL出版

見つめ、見直す

建築の前に立つ。そして見る。見つめる。いろいろな考えが浮かぶ。それでまた、見直す。この本に収められた写真は、その繰り返しの中で生まれてきた。きれいな写真を撮ろうと、特に思ったわけではない。少しでもしっかり見ようと、ファインダーを覗いたに過ぎない。そのように建築と向かいあって、五十余年が過ぎた。

数えきれない数になったスライドの中から、折にふれ、何枚かを取りだす。設計の際もあれば、講義、講演のための時もある。教師だった頃には、自分の研究、あるいは学生の研究指導のために取りだすことも多かった。

取りだした写真を見直す。すると、またいろいろな考えが浮かんできて、さらに見直す。不思議なことだ。すでに見たものを確かめるだけのはずだったのに、いつもなにか新しいものが立ち現れてくる。

考えてみればこのことは、設計を仕事としている者にとっては、なにも不思議なことではないかもしれない。設計とは、形を取りだしてはそれを見つめ、見直し、そしてまた捉え直す、その作業の繰り返しなのだから。

そしてこうして改めて、自分の見てきた建築をまとめて振り返ってみると、建築を作ってきた人間の長い歴史そのものが、見つめ直し、捉え直しの繰り返しであったように思えてくる。旧約聖書のコヘレトの言葉にもあったように、確かに「日の下に新しいものはない」のかもしれない、と。いや、あるのかもしれない。しかしその新しいものも、すべて見直され、捉え直されたものではあるまいか。

建築は、私たちの前に立って、そういうことを問いかけてくる。建築とはそういう力をもつものだ。

二〇一六年十二月二六日

香山壽夫

目次

Portraits of Architecture

Hisao Kohyama

LIXIL Publishing, 2017

建築のポートレート

土を練ったり、塗ったりしてできる形は、柔らかく自由で、温かく、私たち誰もが引きつけられる。それは、それぞれの幼い時の記憶、更には人類共通の太古の記憶につながっているからだろう。

アメリカの先住民、プエブロの人たちは、今でも、土の家に住んでいる。日乾し煉瓦を積んで壁を作り、その上に木の梁を渡し、小枝と土で覆って屋根を作る。単純で、簡素な住居だ。突き出た梁の先端が、壁に影を落とす。その四角い家を更に段状に積み重ねて、集落ができる。集落の中央の広場の向こうにプエブロの聖なる山が見え、そこから流れて来る川が、広場の中央を横切っていく。

プエブロの人たちは、その水と土でとうもろこしを育て、美しい陶器を作る。平和で、そして静かな、威厳に満ちた人々だ。その人たちの住居を見ていると、私たち自身も含めて、すべてのものが、土から生まれ土に還るものであることに気付かされるのだ。

——タオス・プエブロ

ニューメキシコ州、アメリカ合衆国／十五世紀以前〜

フィラデルフィアは、一六八二年にウィリアム・ペンによって計画された格子状の町である。大西洋に注ぐふたつの大きな川の間を長方形にとって、その長方形をほぼ均等な街区に割っている。縦方向の通りには順番に番号が付けられ、横の通りには、チェストナット通り、ウォールナット通りといった樹木の名前が付けられている。わかりやすい、明快な町だ。続くアメリカ諸都市のモデルとなり、ヨーロッパ人にとっては、アメリカ的な町と言えば、まずフィラデルフィアということになった。

規則的な格子状の町割りだから、単調で退屈になるかと思うと、むしろその逆で、街区ごとに建物の特徴が対比的に際立って変化に富む。それぞれの街区はミュー（mew＝厩通り）と呼ばれる細い道で割られている。これがまた、広く賑やかな表通りとはうって変わって、落ち着いて静かだ。秋には落ち葉が深々と散り敷いて、風のある日は川のように流れる。

——フィラデルフィア

ペンシルヴェニア州、アメリカ合衆国／一六八二年〜

石の重さ。その重さを支える石。またその石を支える石。ゴシックやロマネスクの細部を強調し、あるいは組み合わせつつ、力を形に現すことで、フランク・ファーネスは迫力に満ちた建築を作りだした。そしてその内部空間は、大聖堂か古城の大広間の如く、高窓の光に向かって高く大きく、あるいは厚い壁に堀りこまれて優しく柔らかく、変化に満ちて快適で、読書する喜びに溢れている。

十九世紀は、ギリシャ復興様式を始めとして、様々な様式の復興が試みられた時代であるが、その過程において、歴史研究も、また設計技法も、大いに進んだ。更にその上で、様々な様式を組み合わせる試み、すなわち折衷主義（eclecticism）も盛んになった。折衷主義は創造性が欠落した陳腐な作品も生みだしたが、同時に一方では、個性的で熟達した表現、洗練された豊かな空間構成をもつ作品も、多数作りだしたことを見落とすわけにはいかない。

——ファーネス図書館

ペンシルヴェニア州、アメリカ合衆国／一八九〇年／設計 フランク・ファーネス

一九六〇年代の初め、この建築が登場した時、世界中の建築家に与えた衝撃は大きかった。「奉仕する空間」、「奉仕される空間」といった聞きなれない言葉を用いたカーンの建築理論が、構造技術だけでなく、設備技術をデザインの中に組みこむ姿勢も示したことが新鮮だったし、更にそこから生まれた垂直線を強調する造形が、それまで見なれてきたモダニズム建築の、水平線を強調する造形とは対比的で、見る人を驚かせたのである。

その建築を実際に見ようと、ペンシルヴェニア大学まで出かけていった人を更に驚かせたのは、それが決して物珍しく、風変わりな建築ではなく、以前からそこにあったかの如く、周囲の建物と調和して立っていたことである。カーンが求めていたことは、決して新しい理屈ではなく、古くからの伝統を新しく捉え直すことにあった。建築自体が、静かに、しかし確固として、そのことを語りかけていた。

——リチャーズ医学研究棟

ペンシルヴェニア州、アメリカ合衆国／一九六〇・六五年／設計 ルイス・I・カーン

切妻屋根を割り板（こけら＝shingle）で葺き、四方の壁を羽目板（clapboard）で張った、簡素で、慎ましい建築である。しかし周りの森や丘と向かいあって、凛とした品位がある。

三百年前、新大陸に渡ってきた人々は、自らの手で森を切り拓き、その木を用いて、自らの力で建物を建てねばならなかった。自分たちで可能な単純な構法、そして荒野と向かいあって生きていく強い精神が、このような単純さと力強さを生みだしたに違いない。

今日でも、こうした住居は沢山見ることができる。歴史的遺産として保存されているだけでなく、実際に住んで使われている。それだけでなく、自分で建てる人もいる。単純な構法だから、素人でも作ることができるわけだ。伝統が今に続いて生きている、とはまさに、こういうことではあるまいか。

——スタンレー＝ホイットマン邸

コネチカット州、アメリカ合衆国／一七二〇年以前

真直ぐに伸びる通りの先に、遠くの地平線とその上の空が見える。そこから吹いて来る風が、通りを吹き抜けていく。このなにかがらんとして、突き抜けたような気分は、アメリカのすべての町に共通だ。この気分はどこから来るのだろう。

古くないから、近世の町だからと言うなら、近世に始まる町はヨーロッパにだっていくつもある。道が真直ぐだからと言うなら、バロックの町の通りはもっと広く真直ぐだ。

都市のデザインと言うが、一体、誰が都市をデザインしているのだろう。人間がデザインしているのは、所詮その一部、断片だけではないのか。ゲニウス・ロキ（地霊）という古典古代の言葉があったが、この地には響くまい。とすれば、先住民の言う「風（息吹き）」か。この国の都市をデザインしているのは「風」なのか。

——ニューヨーク

ニューヨーク州、アメリカ合衆国／一六一四年～

ロンドンには、スクエア（square）と呼ばれる小さな緑の広場があちこちにある。形は様々だが、そのいずれにも美しい芝生と花壇があり、大樹が枝を伸ばし、その下のベンチで静かに本を読む人の姿が、周りの道から見えかくれする。ロンドンは、パリに比べると華やかな美しさは少ないが、静かな落ち着きがあるのは、スクエアの存在によるところが大きい。

スクエアは、今日、公共の広場や公園となっているものもいくつかある。ただ、本来はそれを囲んで立ち並ぶ、テラス・ハウスと呼ばれる中層の連続住宅に住む人たち専用の、私的な庭園である。庭園の周りには鉄柵が巡らされ、鍵を持っている人しか内側には入れない。しかし町を歩く人々に、その庭園の美しさと開放感は楽しんでもらう。そして自分たちも、ひそかな優越感を味わう。この辺がまことにイギリス的だ。

——ベッドフォード・スクエア
ロンドン、イギリス／一七八三年

ロンドンにある王立植物園、キュー・ガーデンの木立を抜けると、広い草地の上に、大地から膨れ上がったような、半透明の量塊が浮いている。曇り空の鈍い光を受けて、ぼんやり光っているが、その輪郭は定かではない。透けて見えている植物は、建物の中にあるのか、向こうの森の木々か。あるいは建物自体が森の一部であるのか。

このような、植物のような、生命体のような形は、ゴシック様式、特に後期ゴシック様式において盛んに用いられ、十九世紀のゴシック・リヴァイヴァルの動きの中で復活していたものである。それが、鉄、ガラスといった新しい素材と技術によって、更に広い表現の世界を切り拓いた。古い様式と新しい技術が、様々に絡みあいながら展開していくところが、建築の歴史の面白いところだ。

——キュー・ガーデンのパーム・ハウス

ロンドン、イギリス／一八四八年／設計 デシマス・バートン他

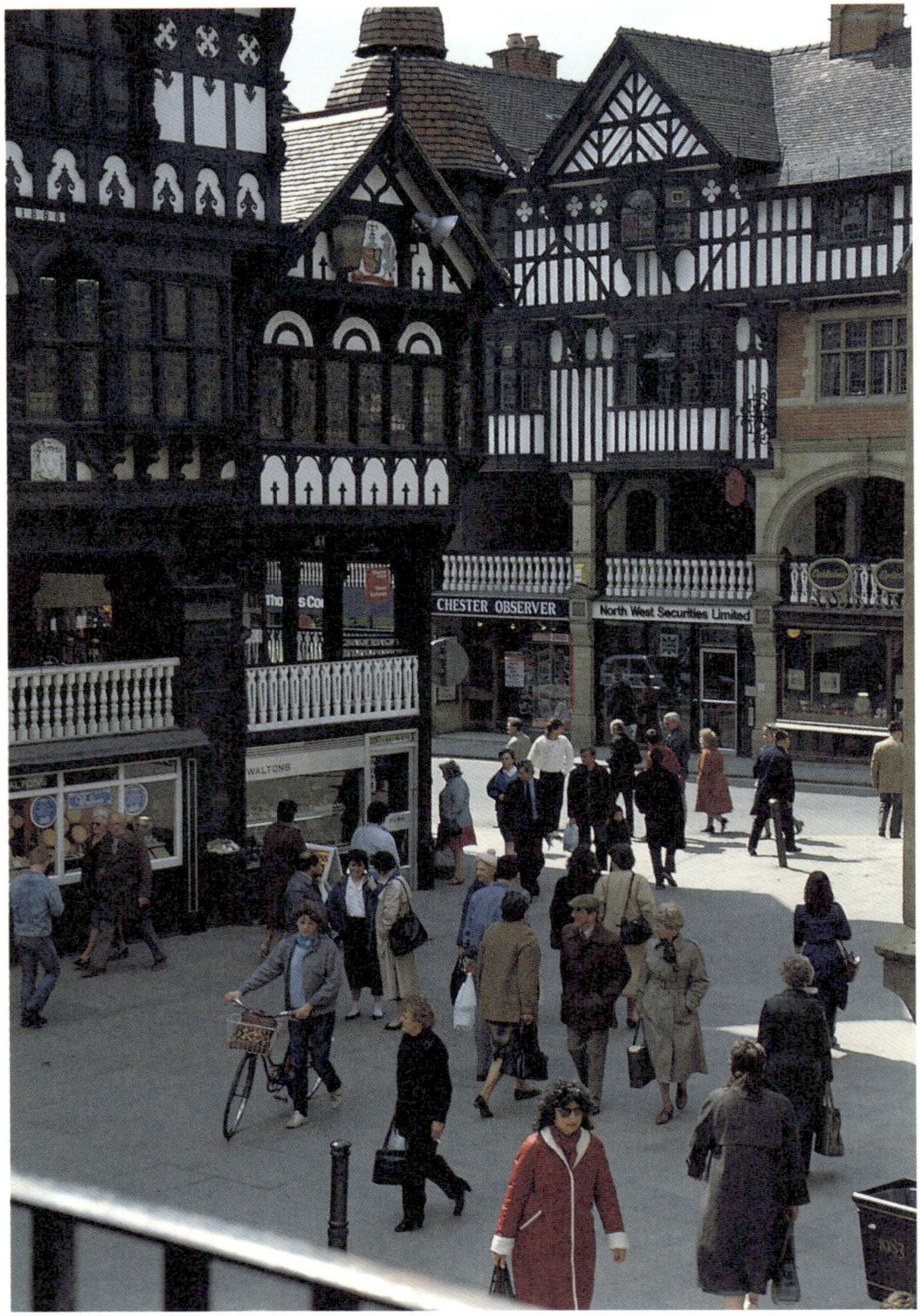
CHESTER OBSERVER
North West Securities Limited
WALTONS

ヨーロッパ、特に北の地方には、古くから木造の住宅や教会が建てられ、今でも沢山残っている。日本は木の文化で西洋は石の文化だ、といったように単純に割り切るわけにはいかない。しかし同じ木造でも日本と違うところは、あちらでは長く真直ぐな材木が手に入りにくく、短かく曲がった材木を用いなければならなかったため、独特の構造と意匠が生まれたことだ。また木の構造材は、煉瓦や石といった素材とも様々に組み合わせて用いられている。そのことから、この構造方式は、ハーフティンバー、すなわち半木造と呼ばれることもある。

木の肌ざわり、その空間の優しさ、温かさが好まれることは、洋の東西で変わりはない。今日でも、多くの人が大切にしながら住んでいる。観光のために保存されているのではなく、人々が愛して住んでいる町は、訪れる人にとっても楽しいものだ。

——チェスター

チェシャー州、イギリス／七九年〜

緑の牧場の中に残る石の柱や壁の群れは、羊が草を食む明るい春の風景の中では、あっけらかんと長閑だが、秋の終わりの冷たい霧の中で再び訪れてみれば、あたり一面に粛然とした気配がみなぎっていて、全身が震える。

建築は時の流れの中で生まれ、生き、そしてやがていつか消えていく。使命を終えた後の建物の遺跡には、天寿を全うした人の終わりの安らかさがあるが、無理に破壊された建物の遺跡には、どこか壮絶の感が漂う。壊された所が傷口のように生々しく、残った部分はまだしっかりしているから、その対比が胸に突きささる。十九世紀ロマン派の芸術家たちが、中世の廃墟に想像力を刺激された理由は、過ぎ去った時代への憧憬だけでなく、新旧の宗教改革の争いの中で壊された廃墟の無残さ、時の流れに抗して立つ建築の崇高さへの賛美もあるように思われる。

——リーヴォー修道院

ノースヨークシャー州、イギリス／十二〜十三世紀

ミラノ郊外の住宅地の中に、低い緑の丘が築かれていて、その上に光る小さな箱が載っている。丘の斜面に掘られた入口をくぐっていくと、頭上に金色の光のかたまりが広がり、私はその内に吸いこまれていく。静かで平安に満ちた空間の内へと。宗教的空間の原点・原型のようなものがあるとしたら、このようなものではないか。

建築を即物的に見つめてみれば、その要素も構成形式も極めて単純なものだ。四本の柱がPCコンクリート版の平たい天井を支えていて、その四周も、半透明のガラス壁が囲んでいるだけだ。幾何学的純粋形体、工業化部材、半透明の皮膜。モダニズムのエッセンスでできているような建築だが、よく見ていると、ギリシャの柱やエンタブラチャー、あるいはゴシックの光が重なって見えてくる。「少ないことは豊かなことだ（Less is more）」というミースの言葉の最良の実現のひとつがここにある。

――バランザーテの教会

ミラノ近郊、イタリア／一九五七年／設計 アンジェロ・マンジャロッティ

ロマネスクの建築様式は、地方によって違いがあるが、そのいずれにも親しみが持てる。昔からの友人が設計したような感じがするのだ。「なるほど、そうか、そうか」とか、「え、これで本当にいいの」とか、思わず言いたくなる。様式として未だ完成せず、言わば設計途中、生成途中なのだから、設計を業とする者のひとりとしては、そういう気分になるのは当然かもしれない。

ロマネスクの中でも、特に北フランスのノルマンの建築には親近感がある。私にとっては、以前に暮したことのあるイギリスの湿った霧が北から押し寄せるといった風土の故もあるが、不安そうでいながらどこか楽天的、武骨であり同時に繊細、そして怒っていながら笑っているような、その気分に引かれるのだ。

――セリジー＝ラ＝フォレ修道院
ノルマンディー地方、フランス／十一世紀後半

パリからシャルトルに向かう時、大聖堂の姿は、広い麦畑の地平線の上に、巨大な山嶺のように現れてくる。近づいて足下から見上げると、摩天楼が重なりそびえる都市のように見える。これが、本当に人間が作ったものなのか。人力だけで築き上げたものなのか。何度訪れても、この圧倒的な力の前に、ただ黙して立ちつくすしかない。

空間を包む石の天井の重さを、飛び梁（flying buttress / arc-boutant）によって建物の外側に分散し、内側の柱を軽々と細く立ち上げる。この工夫によって、巨大な石の建物の内部は一転して明るい光に満たされる空間となった。十三世紀の工匠たちはどんなに熱狂したことか。そしてその熱狂が一般の人をも巻きこんでいかに大きなものとなったか、ゴシック建築がたちまち西ヨーロッパ全土に広まったことでよくわかる。

――シャルトル大聖堂

シャルトル、フランス／一二二〇年

サント・シャペルの空間は、まさに光のかたまりだ。光が固まって空間になっている。フランス王の私的な教会堂として作られたこの建物は、大聖堂のような巨大な空間ではない。教会堂全体は、地上から一層上に持ち上げられているので、私たちが今ここを訪れる時、一階の暗い部屋から、狭い回り階段を登って入っていくことになる。その時私たちは、頭から光のかたまりの中に進入していく。それはまさに、目眩く体験だ。

空間全体を色ガラスが隙間なく連続的に包みこみ、石の柱は、まるで糸のように極限まで細くされた上に、細かい色模様が施され、その重さは全く消去されている。キリスト教は、天上にある理想の世界、天上のエルサレムを、光に包まれた世界、光のみによって作られた世界として求め続けてきた。建築によるその追求は、ここでひとつの極点に達したのである。

――サント・シャペル
パリ、フランス／一二四八年

これは広場というより部屋ではないか。都市の大広間ではないか。隅から隅まで、まるで磨き上げたように滑らかな床が、抜けるような空の光を受けて輝いている。集まる人を包むように、日陰がくっきりとしたかたまりを作っている。この光り輝く床は、長年かけて、行きかう人の靴、おしゃべりする人の声で磨かれてきたのだ。

ドゥブロヴニクは、アドリア海に面した美しい町である。中世初めからの城壁がぐるりと周囲を回っていて、そこを巡りながらも常に広場が見える程の、親しみやすい大きさだ。私が訪れたのは今から半世紀も前、それから国を分ける大きな戦争があって、国名も変わった。この美しい広場は今どうなっているか、と思わなくもないが、大丈夫だろうと信じている。ヨーロッパの都市は、すべて、数重なる戦争を経て生き続けているからだ。都市とは、そのようにして続くものだからだ。

――ドゥブロヴニク

ダルマチア地方、クロアチア／七世紀～

ギリシャの陽光の下で、華やかで豊かな建築の細部が踊っている。アーチの繰り形、柱頭、壁のモールディング、軒蛇腹から瓦のひとつひとつまで。この華麗で重厚な建物の内に入れば、一転して静かな神秘の空間が広がる。モザイクの黄金の輝きの内に、深い闇を包みこんだビザンチンの空間が。そしてその中で、東方正教会の深く重い聖歌が響く。

西のローマを離れて東に移ったビザンチン。その帝国と文化を支え、動かしたのはギリシャ人であったし、今日でもビザンチンの建築を身近に数多く見ることができるのは、ギリシャにおいてである。

しかし、形において複雑・華麗、精神においては神秘・幽遠なるこの建築を作りだしたのが、古代ギリシャのあの明晰・均斉を作りだした人々と、まことに同じ民族なのであろうか。あるいはもともとこのふたつ、明晰と神秘という対立する精神は、同じ民族の内に同居していたのか。いや、そもそも私たちひとりひとりの内に、渦巻きつつ流れているものなのかもしれない。

——オシオス・ルカス修道院

ディストモ近郊、ギリシャ／十世紀中頃・十一世紀初め

完璧な形だ。柱身、柱頭、エンタブラチャー等々、各部分の形が完璧で、かつ、相互の関係も完璧だ。古典美学の言う、何を足すことも何を引くこともできない完璧な調和とは、こういうことか、などと考えつつ、金縛りになったように立ちつくす。私以前にも、同じようになった人たちは沢山いる。古代ローマ人がそう、ルネサンス以降の様々なクラシシストたちもそう。十九世紀の新古典主義者たちのように、古代ギリシャの美は絶対で、唯一だと考えた人たちさえいる。

今の私たちは、他にも様々な美があることを知っている。美は多様で、選択可能だと考えている。しかしながら、ひとつの美は、その方向が選択された後、たとえば創作の過程に突入した途端、絶対になる。細部は磨き抜かれ、構成は洗練されねばならぬ。それを誰よりも徹底したのが、古代ギリシャ人だ。やはり彼等は別格だ。そう考えつつ、私はまだその前に立ちつくす。

——ポセイドン神殿

パエストゥム、イタリア／紀元前四六〇年頃

M·AGRIPPA·L·F·CO

ローマの町を歩いていると、突然、目の前に古代ローマの建物が現れて驚くことがある。初めて見た時のパンテオンも、予期せぬ私の前に、そのように突如として出現した。しかし驚いているのは旅の異邦人だけで、ここに住む人はあたり前の顔をして、前の広場で花を売ったり、カフェの椅子を整えたりしている。この町では、古代の建物も、中世、近世、現代の建物も、極めて自然に並び、連なりあって生きている。今そうであるように、昔もこのようだったし、これからも、いつまでもこのように続いていくのだろう。

永遠の都――〝Città Eterna〟とは、いつまでも変わらない都市ということではないのだ。常に変わりつつも、時という永遠に変わらぬものが、この町にゆったりと流れている。この活気ある騒がしい町の通りを歩いていると、不思議に心が静かになるのは、その故であろう。

――パンテオン

ローマ、イタリア／一二五～一二八年／設計 ハドリアヌス帝

石や煉瓦を、弧を描くようにうまく積み上げると、下側に空間ができる。これがアーチで、水平に伸ばせばトンネルのようなヴォールト、回転させれば丸屋根すなわちドームができる。これらの構造は、小さな材料を用いて大きな空間を覆う素晴らしい方法である。古代ギリシャ人は、この方法を知らなかった。しかしローマ人は、どこからかこの方法を習得して、これを縦横に駆使し、神殿から闘技場、浴場、市場といった多彩な空間を作り上げた。

今日に残る古代ローマの遺跡を見るだけでも、彼等がこの方法に夢中になっていた様子がよくわかる。まるで、粘土という素材を与えられた子供が粘土細工に熱中するように、ローマ人はアーチという方法を手にして、空間づくりに熱中した。彼等はギリシャの学問・芸術を尊敬したが、ギリシャの建築様式は、建物の表面に壁面装飾のように貼り付けてすませた。彼等が真に熱中したのは、空間づくりだったのである。

——ヴィラ・アドリアーナ

ティヴォリ、イタリア／一一八〜一三八年／設計 ハドリアヌス帝

円を描いて柱が並び、その外側をまた丸く壁が囲んでいる。その全体を円錐形の木造屋根が覆っている。屋根の高窓からの光が中央部に差しこみ、壁の丸窓からの光が床を照らす。それだけの建物だ。長い年月の間に、外側にいろいろな部屋が付いたり消えたりしたらしいが、今はほとんどない。中心にあるのは、祭壇か、墓か、洗礼台か。そのいずれかか、いや、そのいずれでもあったのだろう。

キリスト教が力を得ていくのと反対に、輝かしいローマの栄光は、落日のように沈んでいった。初期のキリスト教徒たちは、ローマの遺跡から柱を取りはずしてきて、自分たちが集まる建物を作った。教会とは人の集団のことであり、その集団は共に集まる空間を求めた。中心に向かって人が集まる。そして中心を囲み、巡り、祈る。その形、その最も純粋な空間の形がここにある。

――サント・ステファノ・ロトンド教会
ローマ、イタリア／四六七〜四八三年

丸屋根を載せた円形の建物を、十二本の円柱が囲んでいる。均斉のとれた、静けさに満ちた建物だ。十六世紀の初頭に建てられた直後から、ルネサンスの代表作とされ、古典主義の模範とされてきたことも、納得できる。聖ペトロの殉教の丘の上の建物の中庭に立つ、小さい記念堂だが、優美でかつ品格がある。時の教皇が、この建築を見て直ちに、これを設計した建築家ブラマンテの手によって、ヴァチカンの大聖堂を建て直そうと決心したことも、理解できる。

ブラマンテの設計では、建物が置かれる中庭も円形となるはずであった。しかしそれは未完成で、今も四角いままに終わっている。しかしそのおかげで、この円堂を巡って四角い中庭を歩くと、左右対称で中心をもつ静止した建築に、運動が生まれる。均斉のとれた建築ほど、人の動きによって変化が生まれるのは、面白いことだ。

——テンピエット

ローマ、イタリア／一五〇二〜一〇年／設計 ドナト・ブラマンテ

動かないはずの建築が動いているのだ。静止しているはずの石の壁が波打っている。ローマの古い通りの四つ角。それぞれの角に泉水が置かれている。そのひとつの泉水の脇の壁に付け足された、小さな教会のファサードだが、不思議な力に満ちている。今日でも、その前を通る人、あるいは立ち止まって見上げる人の心をとらえ、全身をゆさぶる。どこからこの不思議の力は来るのか。

バロック、歪んだ真珠。適切な名を思い付いたものだ。完璧な球体は、変形されることを拒んでいる。しかし、もしそれを膨らませたり凹ませたりできたら、そこに新しい力が生じるだろう。古典古代の完璧な様式を、波打たせたらどうなるか。昼間は部屋に閉じこもり、夜更けに町を歩いていたボッロミーニは、そのやり方を思い付いたのだ。いや、人々の心の底に沈んでいた、情念に火をつけたのだ。そしてそのバロックという炎は、たちまちにしてアルプスを越えて広がったのである。

――サン・カルロ・アッレ・クワトロ・フォンターネ聖堂

ローマ、イタリア／一六四一・六八年／設計 フランチェスコ・ボッロミーニ

MACIA
E APERTA

ルネサンスの最初の花が開いたフィレンツェの町、そのスカイラインの上に大きく浮かぶ丸屋根は、花の都フィレンツェの冠と呼ばれ、イタリア・ルネサンスの華と讃えられるにふさわしい。

この丸屋根は、十三世紀末に着工されていたイタリア・ゴシック様式の本体の上に載っている。ゴシック様式と言っても、大理石を貼り分けるこの地方の伝統的な仕上げや、ロマネスク風のモチーフを混在させた独特のものである。当時もはや時代遅れで、取りこわす計画もあったこの中世以来の建物の上に、直径五〇メートルの大ドームを載せるという前例のない難工事を、フィリッポ・ブルネレスキは、ゴシックの構造技術を巧みに組み合わせ、更に様々な新しい工夫も加えて完成させた。

今日の用語で言うならまさに保存再生、すなわち様々な様式、多くの建築家の手が重なりあって生まれた建築の、最も秀れた歴史的事例なのである。

——サンタ・マリア・デル・フィオーレ大聖堂
フィレンツェ、イタリア／一四六一年（一二九六年起工）／
設計 フィリッポ・ブルネレスキ（ドーム部分）

曲がりくねり、揺れながら、切れることなく上昇し、また下降する線。銀色と溶けあう、甘く淡い色彩。あらゆる形が、重なりあい、映しあい、輪郭をぼかしつつ、ゆらめく。見る人をして、甘美な陶酔に誘いこむロココの世界である。十八世紀の初め、フランスの宮廷から発し、ヨーロッパの王侯貴族たちを麻薬のようにとりこにした。

この甘く優しい、官能的な美を、退廃的で不健全だと見なすこともできよう。しかし、この様式の根底にある、連続的でゆらめく形態は、原始の昔から今日まで、人間の創作行為・表現活動を衝き動かしてきた生命力とつながっているものでもある。甘美なロココの世界に耽溺していると、なにか物悲しく、やがてはあやしく物狂おしくなるのはその故か。

——アマリエンブルク

ミュンヘン、ドイツ／一七三九年／設計 フランソワ・ド・キュヴィエ

明るい日差しを受けた木立の中に、くっきりとした建物の輪郭が浮かび上がる。粗い石壁の上に光が散り、鮮やかな影をつくりだす。壁面に穿たれた半円アーチの開口から差しこむ光は、厚い壁を抜ける間に黄金色に変わって、室内を満たす。

素材、構造、囲壁、そして光という建築空間の基本が、このように単純に、かつ明晰にひとつに統合されている建築を、私は他に知らない。多くの建築家が、ル・コルビュジエも、ルイス・カーンも、その他無数の建築家が、この建築に引きつけられたのは当然だろう。

十二世紀の末、ロマネスクが豊かな彫刻で身を飾り、ゴシックが曲芸のような構造を実現しつつあった時、シトーの修道士たちは、そうした動きには目もくれず、荒地を耕しつつ自らの手で建築した。祈りつつ、ただひたすら自然の石と光に忠実にあらんと願いつつ働いた結果生じたのが、この驚嘆すべき建築である。

――ル・トロネ修道院

プロヴァンス地方、フランス／一一七六～一二〇〇年

大きな丸アーチが、屋根を力まかせに押し上げている。その力は力余って、更にその上で屋根をめくり上げている。しかしそもそも、この巨大な石を積み上げたアーチ自体が、それが包む丸い空間によって押し上げられているのだ。この空間が、人や車を吸いこみ、あるいは吐きだす。邸宅の入口としてまことに適切で、かつ独自な意匠を、リチャードソンはアーチという形の特質の内に見いだした。

壁や屋根は、空間を区切り、包む。区切られ、押さえこまれた空間は、壁や屋根を押し返す。物体と空間の間の、こうした押したり押されたりする関係を捉えることが、建築設計という行為の根本だと言えるが、と言って常にはっきり意識されているわけではない。意識した人々もいた。バロックの建築家たちがそうだろう。ビザンチンもそうか。そして、近くにはリチャードソンがいて、そこからモダニズムの空間が生まれてきた。

——エイムズ・ゲイト・ロッジ

マサチューセッツ州、アメリカ合衆国／一八八一年／設計　ヘンリー・ホブソン・リチャードソン

やや黄色みがかったガラス・チューブの天井から差す光は、差すと言うよりも、静かにゆっくりと降りてくる。上方で広がって円盤を支える円柱は、重さを支えると言うよりは、浮力によって浮き上がっているかのようだ。机の間を行き来する事務員たちの姿は、まるで水草の浮かぶ、明るい池の中で遊ぶ魚たちのように見える。

建築家フランク・ロイド・ライトは、人の動き、更には心の動きにまで合わせて、空間を設計した。その広さ、高さ、つながり方、そこに差しこむ光から置く家具、時にはそこに住む人の衣装まで、自分で決めた。ここまで徹底して建築を設計した人は他にない。

多くのモダニストたちが、「自由な平面」や「無限定空間」といった理念を掲げて、建築を未決定、あるいは可変的なものとしようとしていた時、ライトだけはひとり違った。その姿は、ひとり戦う英雄的な、中世の騎士の姿のように見える。

——ジョンソン・ワックス社屋

ウィスコンシン州、アメリカ合衆国／一九三九年／設計 フランク・ロイド・ライト

邸宅と言っても、同じ頃のヨーロッパの貴族の邸宅に比べれば、控え目で慎ましい。しかし、明るく健康で、誇り高い。寄棟屋根を載せた煉瓦の四角い箱。中央部が少し凹んで、そこに末広がりの階段が置かれているのがユーモラスだ。屋根の上の煙突の間に物見台がある。丘の裾を流れる川沿いの舟着き場を見下ろすためのものだ。

主屋を囲んで四つの建物が置かれているが、これらは荘園で働く人たちのための、医療、教育等の施設だった。アメリカ建国期の南部の荘園は、自らの土地を自ら耕し、その先は良き天候に恵まれんことを祈る、共同体のひとつの理想を目指したものでもあった。しかしその理想は、深南部で広がる奴隷制と、北部の商業主義のはさみ打ちにあって消滅した。残された建築群には、高貴と共に憂愁の気が漂う。

——ストラトフォード

ヴァージニア州、アメリカ合衆国／一七三八年

アメリカ南西部の、赤く乾いた大地そのものが隆起したかのような、巨大な量塊である。その表面は、柔らかくわずかにうねりつつ連続し、長年にわたって塗り直されてはまた崩れ落ちた土屑が積もって、周りに小さな丘をつくっている。その斜面で、子供たちは遊ぶ。

十七世紀の大航海時代、大西洋を渡ってきたフランシスコ会やイエズス会の修道士たちは、新大陸にバロックの様式を持ちこんだ。バロックの特徴である力と運動の表現が、彼等の宣教の情熱に合っていたこともあろう。そしてそれに加えて、日乾し煉瓦を積み上げて壁を築く土着の技術が、バロックの彫塑的な表現に合致して、その特徴を強化し発展させていった。ルネサンスの古典復興から出発したバロックが、旧世界のフランスでアカデミックな形式の確立を目指しているちょうど同じ時、新世界では、自由奔放な彫塑的表現に向かっていたことが面白い。

——サン・フランシスコ・デ・アシス教会
ニューメキシコ州、アメリカ合衆国／一八一五年

ゴースト・タウン、捨てられた町。金や銀が発見されたと知られるや、一夜にして町が生まれ、ブームが終わると、また一夜にして人が去ったと言われる。そのような町の廃墟が、コロラドの山中にいくつもある。最盛期には、オペラ劇場まで建てられた町もある。投機の欲望と虚栄の生んだ町。今は住む人も稀で、崩れかかった建物の間を、山の澄んだ風が吹き抜けていくばかり。

投機の欲望は、機会が去れば、すべてを捨てて他所へ去っていく。超高層ビルが密集する現代都市は、どこへ行こうとしているのか。残っている酒場の建物に、生命がけで山を掘った男の汗と、建物を建てた手の跡が残っていた。私はそこに、かろうじてひとつの救いを見る。

――コロラドのゴースト・タウン

コロラド州、アメリカ合衆国／十九世紀後半～

明快で、しかも力強い建築である。外から眺め、また内部を歩き回り、細部を見つめ、また全体を見通し、建築家である私は飽きることがない。ひとつひとつの細部の形が研ぎすまされて完璧であり、それを組み上げていく構成の秩序、すなわち上下に支えていく秩序、水平方向に空間を区切り接合していく秩序が、また完璧なのだ。明晰で力強い話し方や文章に感心するように、建築家スフロの建築の、明晰で力強い語りに聞き惚れる。なるほど、これが古典主義の建築の作り方というものか、フランスのエコール・デ・ボザール教育とはこういうものか、建築アカデミズムの理念とはこういうものか、と。

スフロは、十八世紀末から十九世紀の新古典主義者の誰よりも、古典古代の建築を研究し、ギリシャの明晰さとローマの壮大さを、ひとつに統合することを目指した。この建築は、パリの守護聖堂として計画され、それが後にフランス国家に貢献した人々を祭る神殿とされたものだが、私には建築という芸術に捧げられたものとしか思えない。

――パリのパンテオン

パリ、フランス／一七九〇年／設計 ジャック＝ジェルマン・スフロ

細い柱、尖った塔が密集したその量塊は、山と言うか、森と言うか、その輪郭は霧の町ミラノの朝靄の内に溶けて定かではない。建物の中に入る時は、千古の森林にわけ入る気がする。他では得られない、独自の魅力をもつ建築だ。ゴシック様式がフランスで生まれてから二百年経って、アルプスを南に下ってイタリアに至ると、こうもなるか。

ミラノの工匠たちは、ゴシックの構造技術を発展させ、その意匠を洗練し、成熟させた。柱や繰り形、尖塔といった構成要素を極限まで細くし、それを多彩に組み合わせる面白さに熱中したのである。

様式の成熟、洗練は、いかなる様式においても、細部の要素の細分化、極小化に向かう傾向をもつが、ここにもそのひとつの典型例がある。しかもそれが、少し南のフィレンツェにおける、ルネサンスの新しい動きに見向きもせず、行われていた。時代を安易に区分することはできない。人の心も社会の動きも、このようにずれたり重なりあったりしながら続いていくものだからだ。

――ミラノのドゥオーモ
ミラノ、イタリア／一八一三年（一三八六年起工）

イタリアの古い小さな町には、心安まる平安がある。道は私を抱くように包み、揺れながら続く。道は狭い。しかし、狭すぎもしない。歩くのに、ちょうどいい広さだ。両側の石の壁は堅牢であり、同時に柔和で明朗である。その道を歩く時、私は迷うことを心配する必要はない。道は必ず、町の中心の明るい広場に導いていてくれるからだ。案内人もいらない。考え悩むこともいらない。数世紀にわたって、その町を造り上げてきた大きな力に自分をゆだねて、ただ壁に沿って歩いていけばいいのだ。

ただ時に、町の全体を見てみたくもなる。町の外をのぞいても見たくなる。その時には、その町のどこかに必ず立っている塔のひとつに登ればいい。そこからは、町の全体が見下され、遠くの平野も見える。ここに住んできた人も、同じことを望んだのだろう。定着の安心を楽しみつつ、異郷への脱出にも憧れる、人間とはそういうものか。

——サン・ジミニャーノ

トスカーナ州、イタリア／紀元前三世紀〜

建築の正面は、人で言うなら顔で、笑ったりとりすましたり、いろいろな表情で語りかける。ルッカの町の細い通りを歩いていて、突然現れた教会の正面を見る人は、沢山の可愛い天使が、群がって歌をうたっている姿と見まちがうかもしれない。

短かい円柱が水平に連なって並び、それぞれの上に華やかな柱頭が載って、それが連続する半円のアーチを支えている。その水平の帯が四層に重なって、最上部の屋根の切妻の上には、三人の天使が羽をひろげて立っている。アーチや柱が後ろの壁に細かい影を落としていて、全体は軽やかなレース細工のようだ。こんな面白い正面の作り方を、イタリア北西部、ルッカやピサの人たちは考えついた。作るのは楽しかっただろう。教会の中でうたわれる歌も、話される説教も、楽しかったに違いない。見ているこちらの気分も浮き立ってくる。

——サン・ミケーレ・イン・フォロ教会
ルッカ、イタリア／十四世紀（一〇七〇年起工）

私たちの住む空間は、建てられたり築かれたりするだけではなく、掘り出されたり切り出されたりするものでもある。今の私たちの身近には少ないが、太古の昔、また更にその昔では、そういう空間のほうが一般的で普通だったと言える。そうしたことに気付かせてくれる場所のひとつが、イタリア南部の町、マテーラだ。バロック風の教会や広場が並ぶ町の中心は丘の上にあるが、人々はその周りの丘の斜面に、自分の住居を「掘って」住んでいる。住居だけでない。レストランも酒場もホテルも、古い昔の教会も、掘られた洞窟の中だ。

すべて、まことに居心地がよい。柔らかく、安らかに包んでくれて心落ち着く。誰しも、そう思う。何故なのだろう。人間の太古の記憶につながるからか。あるいは、自分の生まれる前の、母の胎内の記憶以前の記憶の故か。

――マテーラの洞窟住居
バジリカータ州、イタリア／八世紀～

アイルランドの西の涯の荒海の中の小さな島。その切り立った岩山の上に、小さな石を丸く積み上げた庵を築いて、ケルトの修道士たちは祈りと瞑想の生活を送った。この苛酷な環境の中で、どうしてそのようなことが可能だったのだろう。しかもそのような生活は、八百年の長きにわたって、絶えることなく続いたのだ。

古代ローマの文明から遠く離れていたケルトの人々は、長い間、アーチを築く技術を知らなかった。従ってその建物は、石器時代と大差ない、空積みの石造でできている。修道士たちは、絶えず崩れる石の積み直しの労働に追われていたに違いない。苛酷な環境の中での、苛酷な労働。しかし、修道士たちは、それに立ち向かうことこそが、神に近づくことだと思っていたのだろう。そう信じて生きた人々の精神を、この建築は語りかける。いかなる書物、いかなる言葉よりも強く、鮮かに。そう、かつてヴィクトル・ユゴーが述べたように、建築は時に、いかなる書物にも勝る力強い言葉で、私たちに語りかけてくるものなのだ。

——スケリッグ・マイケルの修道院
ケリー州、アイルランド／四～十二世紀

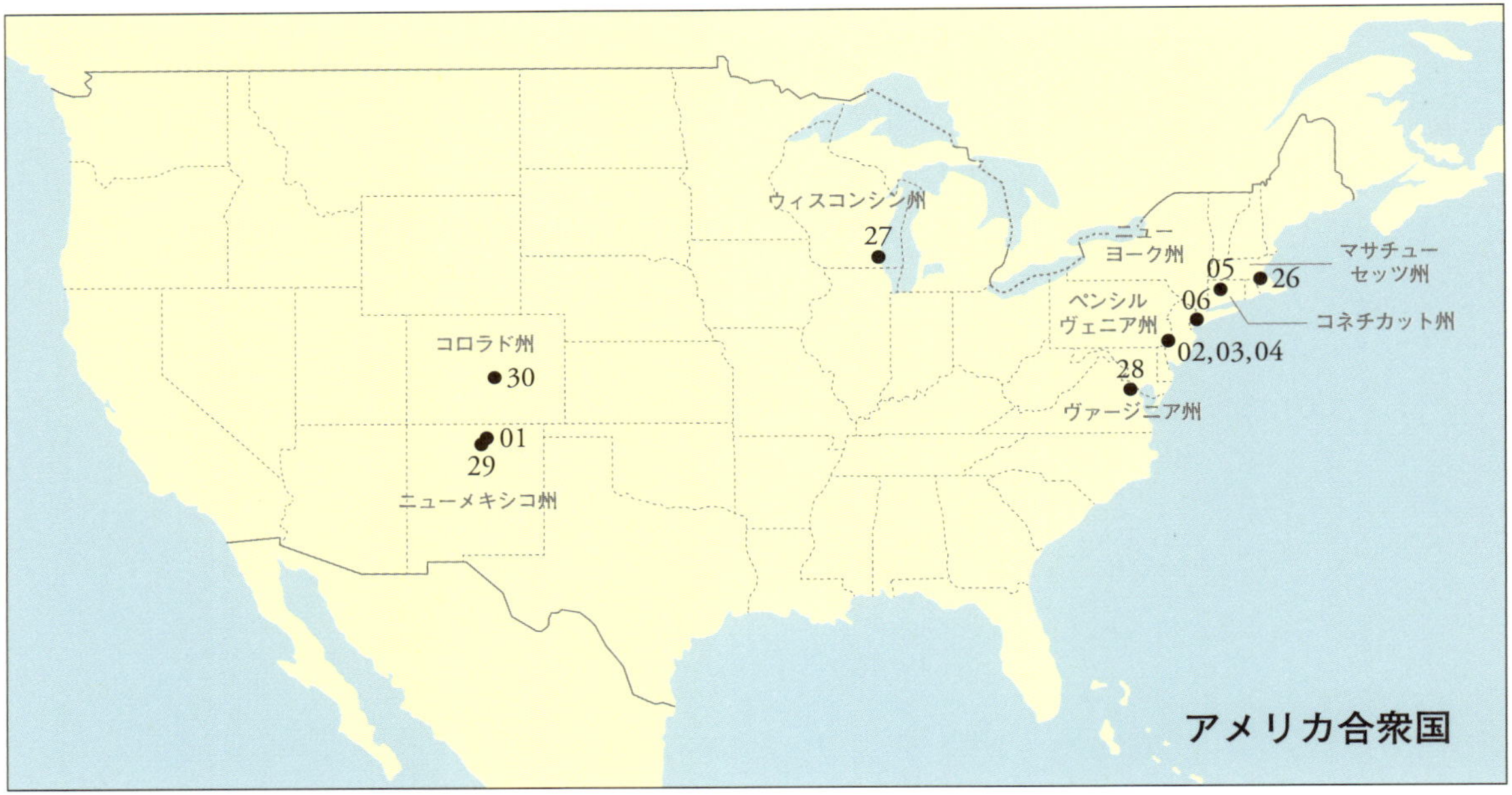

01 タオス・プエブロ 一九六四年八月 ※撮影年月

02 フィラデルフィア 一九六四年十月

03 ファーネス図書館 一九六四年十月

04 リチャーズ医学研究棟 一九六四年十一月

05 スタンレー＝ホイットマン邸 一九六五年四月

06 ニューヨーク 一九六六年五月

07 ベッドフォード・スクエア 一九六七年三月

08 キュー・ガーデンのパーム・ハウス 一九六七年四月

09 チェスター 一九六七年四月

10 リーヴォー修道院 一九六七年五月

11 バランザーテの教会 一九六七年六月

12 セリジー＝ラ＝フォレ修道院 一九六七年六月

13 シャルトル大聖堂 一九六七年六月

14 サント・シャペル 一九六七年六月

15 ドゥブロヴニク 一九六七年七月

16 オシオス・ルカス修道院 一九六七年七月

17 ポセイドン神殿 一九六七年八月

18 パンテオン 一九六七年九月

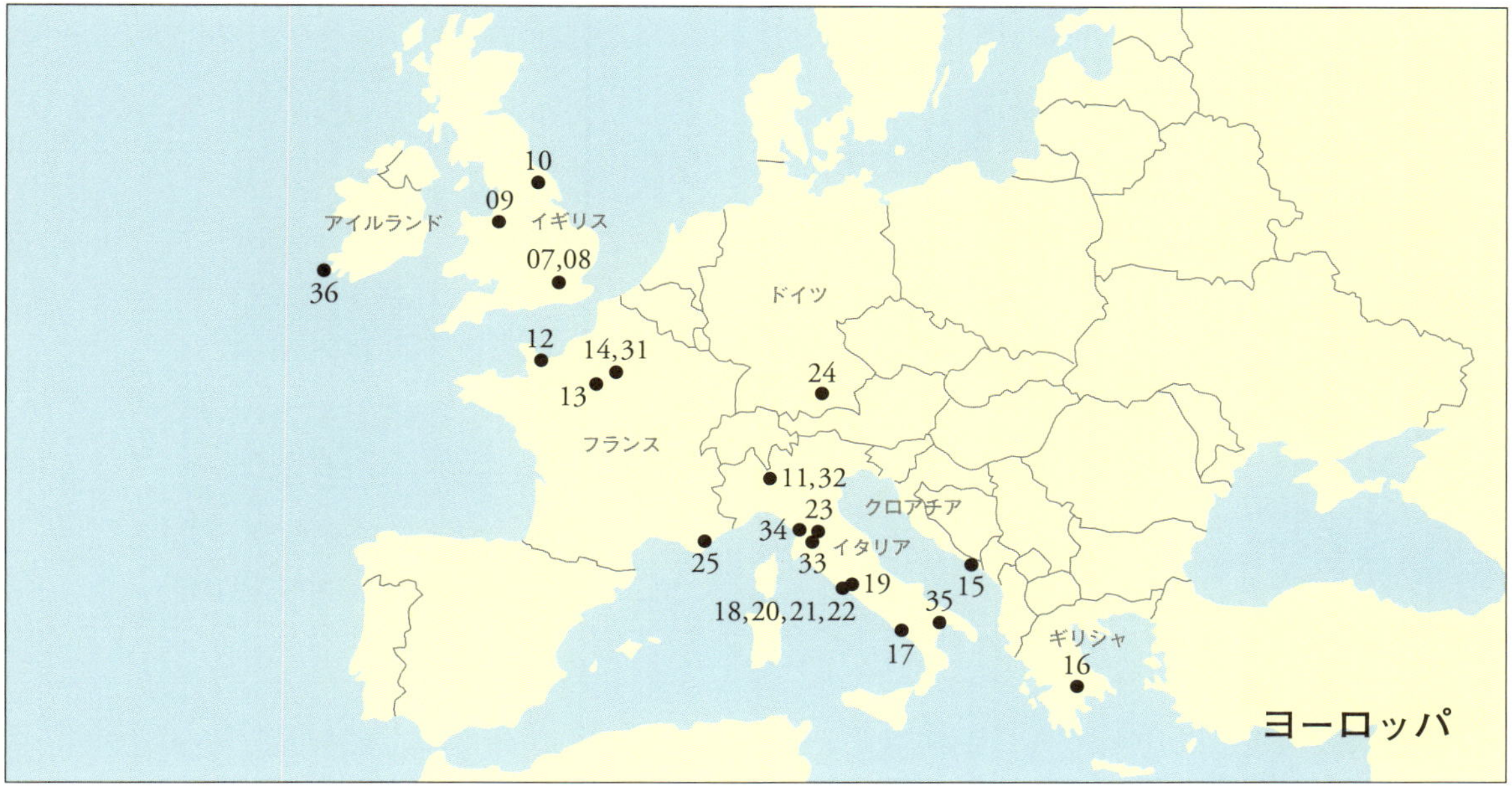

19 ヴィラ・アドリアーナ 一九六七年九月

20 サント・ステファノ・ロトンド教会 一九六七年九月

21 テンピエット 一九六七年九月

22 サン・カルロ・アッレ・クワトロ・フォンターネ聖堂 一九六七年九月

23 サンタ・マリア・デル・フィオーレ大聖堂 一九六七年十月

24 アマリエンブルク 一九六七年十月

25 ル・トロネ修道院 一九六七年十一月

26 エイムズ・ゲイト・ロッジ 一九七五年十月

27 ジョンソン・ワックス社屋 一九七五年十月

28 ストラトフォード 一九七六年五月

29 サン・フランシスコ・デ・アシス教会 一九七六年八月

30 コロラドのゴースト・タウン 一九八五年十月

31 パリのパンテオン 一九九八年十月

32 ミラノのドゥオーモ 一九九八年十月

33 サン・ジミニャーノ 一九九八年十月

34 サン・ミケーレ・イン・フォロ教会 二〇〇五年六月

35 マテーラの洞窟住居 二〇一〇年五月

36 スケリッグ・マイケルの修道院 二〇一〇年五月

タオス・プエブロ

ニューメキシコ州、アメリカ合衆国／十五世紀以前〜

狩猟ではなく定住して農業を行なったアメリカ先住民をプエブロ（＝集落）と呼ぶ。日乾し煉瓦（アドベ）で階段状の集合住宅を築いて住む。タオスは今日に至る最大のプエブロ集落。

ファーネス図書館

ペンシルヴェニア州、アメリカ合衆国／一八九〇年／
設計 フランク・ファーネス

ペンシルヴェニア大学のキャンパスの中心に立つ美術学部の図書館。カーンの大学院スタジオはこの建物の最上階に置かれ、地階にあった工房は、今は建築資料館となっている。

フィラデルフィア

ペンシルヴェニア州、アメリカ合衆国／一六八二年〜

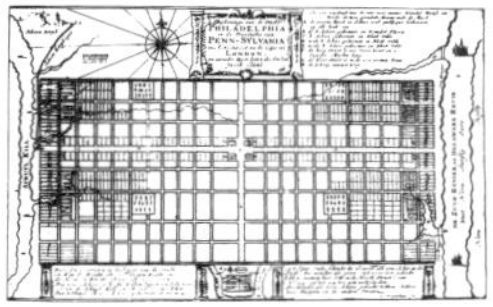

都市計画図

一七七六年の独立宣言の町として知られる古都。美しい格子状の町割り、その中心に置かれた市庁舎や四つの広場は、アメリカ第四の大都市に成長した今日でもほぼ完全に残っている。

リチャーズ医学研究棟

ペンシルヴェニア州、アメリカ合衆国／一九六〇・六五年／
設計 ルイス・I・カーン

チューダー・ゴシック風のカレッジに面して建てられた、医学・生物学の研究棟。PCコンクリートの研究室を囲んで、設備配管や階段を煉瓦で包んだ塔が林立する。

スタンレー＝ホイットマン邸

コネチカット州、アメリカ合衆国／一七二〇年以前

正面二階が前にせり出し、背面に差しかけ屋根が付く、植民地時代のニューイングランドの住居形式の典型。その外形からソルト・ボックス（塩入れ箱）と呼ばれ、親しまれている。

ニューヨーク

ニューヨーク州、アメリカ合衆国／一六一四年〜

十七世紀初めにオランダ領として始まり、まもなくイギリス領となる。ハドソン河口の地理を生かして大発展し、道路をすべて直線とする一八一一年の条例で今日の都市の形が定まった。

ベッドフォード・スクエア

ロンドン、イギリス／一七八三年

スクエアを囲む住宅開発は地主貴族の手で行われた。戸境壁を共有し、前面にドライエリアを設け、半地階に三〜五層の上階を重ねる形式は、ロンドンの都市住宅の基本型となった。

キュー・ガーデンのパーム・ハウス

ロンドン、イギリス／一八四八年／
設計 デシマス・バートン他

熱帯植物のための温室で、十九世紀の革新的技術によって建設された。設計しかつ建設に当たったバートンは、水晶宮（一八五一年）の建設でパクストンに協力した技術者である。

チェスター

チェシャー州、イギリス／七九年〜

古代ローマの城塞都市を基にして、中世に商業・交易で栄えたが、十五世紀後半から停滞し、その結果、古い木造の町並みが残った。中心街の上下二層に重なる歩行者用柱廊が面白い。

バランザーテの教会

ミラノ近郊、イタリア／一九五七年／設計 アンジェロ・マンジャロッティ

工場製作された部材を現場で組む工業化構法の先駆的作品。マンジャロッティは、すでに家具や工芸品のデザインで示した明晰で優雅な造形を、この先端技術を用いて更に発展させた。

リーヴォー修道院

ノースヨークシャー州、イギリス／十二〜十三世紀

聖ベルナルドの創立によるイギリスにおけるシトー会の中心。人里離れた美しい谷間に立地し、最盛期六五〇人の僧が生活したが、一五三六年以降、ヘンリー八世の弾圧により衰退した。

セリジー＝ラ＝フォレ修道院

ノルマンディー地方、フランス／十一世紀後半

フランスやイギリスに残るノルマン様式のうちでも、最も愛らしいもののひとつ。装飾の少ない内部に差しこむ光が窓まわりの付け柱を浮き立たせ、近づくゴシックを予感させる。

シャルトル大聖堂

シャルトル、フランス／一二二〇年

盛期ゴシックの代表作であるが、西正面には創立時のロマネスクを残し、更に後期ゴシックの塔が付加されている。身廊部内部側面の明快な三層構成は、ゴシック様式の完成を示す。

サント・シャペル

パリ、フランス／一二四八年

聖王ルイがシテ島の中央に作らせた王室付属教会堂。一階は臣下用、二階は国王用の単廊式の建築で、天井高十五メートルに及ぶ空間は、四周がステンド・グラスで包まれている。

ドゥブロヴニク

ダルマチア地方、クロアチア／七世紀〜

「アドリア海の真珠」と讃えられる、海運で栄えた城塞都市。七世紀ギリシャの植民都市として始まり、自治・自由の都市として生き抜いてきた。周囲を巡る堅固な城壁はその象徴。

オシオス・ルカス修道院

ディストモ近郊、ギリシャ／十世紀中頃・十一世紀初め

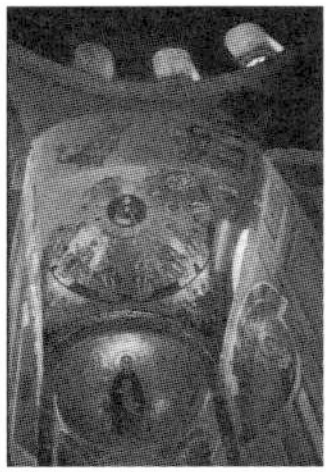

ヘリコン山麓に立つ、ギリシャ正教の修道院。聖ルカに捧げられた教会堂は、典型的なギリシャ十字形の平面をもち、中央に美しいモザイクのイコンで飾られた円天上が載る。

ポセイドン神殿

パエストゥム、イタリア／紀元前四六〇年頃

紀元前六世紀頃に始まるイタリア半島南部のギリシャ植民都市に建てられ、古代ギリシャの建築様式と技術を今に伝える。十八世紀まで森に囲まれて、ほとんど人に知られず残っていた。

ヴィラ・アドリアーナ

ティヴォリ、イタリア／一一八～一三八年／設計 ハドリアヌス帝

ローマ皇帝ハドリアヌスの別邸。ハドリアヌスは建築芸術を愛し、自ら設計も手がけたと言われる。広大な敷地の中に、世界各地の建築を参照した劇場、神殿、図書館等を豪壮に配した。

パンテオン

ローマ、イタリア／一二五～一二八年／設計 ハドリアヌス帝

パンテオンとは、特定の神でなく、すべての神に捧げられた神殿の意。半球のドームが正円の平面に載る円形神殿で、古代ローマの比例感覚と構造技術を今日に伝える最高の遺構である。

サント・ステファノ・ロトンド教会

ローマ、イタリア／四六七～四八三年

外観復元図

壁と列柱の三重の同心円で囲まれた円形の建物。集中式聖堂の始まりとされることが多いが、増改築が繰り返され、当初の形は定かではない。白い壁と木造小屋組の対比が美しい。

テンピエット

ローマ、イタリア／一五〇二～一〇年／
設計 ドナト・ブラマンテ

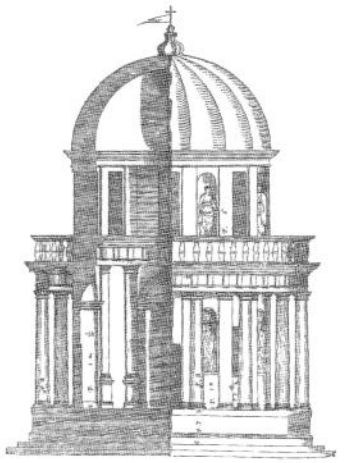

立断面図

古代ローマの建築様式の復興を目指して、建築全体の形はローマの円形神殿を範とし、柱のオーダーはトスカナ式を用いた。細部の装飾を排し、単純な比例構成の美しさを強調した。

サンタ・マリア・デル・フィオーレ大聖堂

フィレンツェ、イタリア／一四六一年（一二九六年起工）／
設計 フィリッポ・ブルネレスキ（ドーム部分）

フィレンツェの大聖堂。十三世紀末に起工され、工事が続けられた末、一四一八年のコンペによってブルネレスキのドーム案が選ばれた。鐘楼はジョット、洗礼堂扉はギベルティ。

サン・カルロ・アッレ・クワトロ・フォンターネ聖堂

ローマ、イタリア／一六四一・六八年／
設計 フランチェスコ・ボッロミーニ

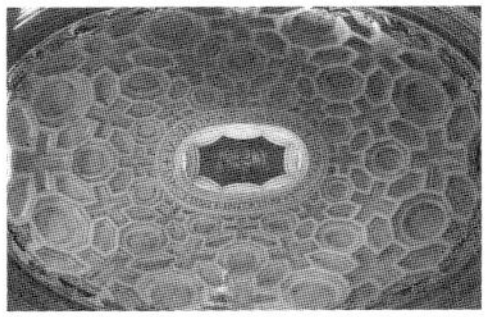

十七世紀前半、運動性を表現するバロック様式の出発点となった歴史的作品。二層の列柱を重ねた正面が凹凸凹と波打ち、内部もギリシャ十字形の平面がうねる曲面で包まれる。

アマリエンブルク

ミュンヘン、ドイツ／一七三九年／
設計 フランソワ・ド・キュヴィエ

キュヴィエによるロカイユ文様のドローイング

ニンフェンブルク宮の庭園内の園亭で、設計者キュヴィエはフランスで修業したベルギーの建築家。全面に鏡が張られた「鏡の間」の壁は、銀色のロカイユ文様を映しだしてゆらめく。

ル・トロネ修道院

プロヴァンス地方、フランス／一一七六～一二〇〇年

ベネディクトの戒律に基づき、共同の観想生活を送るシトー会は、装飾に溺れたクリュニー会から離れ、独自の簡素・明快な建築を目指した。その代表的建築のひとつがここに残る。

ジョンソン・ワックス社屋

ウィスコンシン州、アメリカ合衆国／一九三九年／
設計 フランク・ロイド・ライト

ライトの独自性が最もよく発揮された円熟期の傑作。上部で広がる自立した柱の反復が構造体となり、天井面・壁面上部はガラス管で包まれ、その外側全体を煉瓦壁が丸く囲んでいる。

エイムズ・ゲイト・ロッジ

マサチューセッツ州、アメリカ合衆国／一八八一年／
設計 ヘンリー・ホブソン・リチャードソン

エイムズ邸の入口となる建物で、両側に客室と温室がある。リチャードソンはロマネスクの丸アーチに空間を造形する力を見いだし、サリヴァン、ライト等、後進に大きい影響を与えた。

ストラトフォード

ヴァージニア州、アメリカ合衆国／一七三八年

十八世紀初めより、アメリカ南部では大河に沿って大荘園が次々に拓かれた。これはそれを代表する名門リー家の荘園邸宅。イギリスのジョージアン様式を用いず、独自の世界を作る。

サン・フランシスコ・デ・アシス教会

ニューメキシコ州、アメリカ合衆国／一八一五年

リオ・グランデ川に沿ったプエブロ族の居住地に、十八世紀、スペイン人が進出して、ランチョス・デ・タオスの町が生まれた。そして両者の伝統の重なりが、この希有の建築を生んだ。

コロラドのゴースト・タウン

コロラド州、アメリカ合衆国／十九世紀後半～

ロッキーの山岳地帯には、一八四九年の金鉱発見後、次々に鉱山町が建設された。その後鉱山の閉鎖によって捨てられ廃墟となった町が、ゴースト・タウンとして残っている。

パリのパンテオン

パリ、フランス／一七九〇年／
設計ジャック＝ジェルマン・スフロ

国家の栄光を讃える、フランス・アカデミズムの代表作。以後長く古典主義建築の模範とされた。ギリシャ十字形の平面、内部にコリント式列柱が巡り、中央に壮大なドームが載る。

ミラノのドゥオーモ

ミラノ、イタリア／一八一三年（一三八六年起工）

林立する塔や付け柱等、北方ゴシック後期の細部の形を採り入れているが、左右それぞれ二列の側廊をもつ伸びやかな平面は、水平に広がるイタリア的感性を示す独自のものである。

サン・ジミニャーノ

トスカーナ州、イタリア／紀元前三世紀～

数多くあるイタリアの丘の上の町の中でも、中世の姿を残した最も美しい町のひとつ。城壁に囲まれ、ふたつの広場を中心にして密集する住宅群の中に、十三本の塔が競い立っている。

マテーラの洞窟住居

バジリカータ州、イタリア／八世紀～

石灰岩のこの地方には古くから丘の斜面に洞窟住居が掘られていたが、特に八世紀に東方の修道僧が移住してから、多数の洞窟住居や教会が作られた。丘の上のバロックの町と好対照だ。

サン・ミケーレ・イン・フォロ教会

ルッカ、イタリア／十四世紀（一〇七〇年起工）

町の中心広場に面して立つ正面の壁は、教会の本体よりも高く、まるで独立した構造物のようだ。正面の華やかさと対比的に、内部空間は簡素なピサ・ロマネスク様式である。

スケリッグ・マイケルの修道院

ケリー州、アイルランド／四～十二世紀

エジプトの砂漠で始まった厳しい修道の制度は、西欧では最初にアイルランドで根付いた。ディングル半島の沖合、スケリッグ・マイケル島の崖の上に、独房、食堂、教会堂の跡が残る。

思い出すことは何か

長島明夫

> 建築家はしばしば旅をする。中世の石工の時代から今日に至るまで、旅は建築家の最良の学校と言われてきた。建築家は、スケッチブックと共に旅をする。すぐれた建築家は、皆すぐれた旅のスケッチを残している。（香山壽夫『建築家のドローイング』東京大学出版会、一九九四年、十七頁）

しかし香山は、スケッチブックだけでなくカメラ（アサヒペンタックスないしニコンの一眼レフ）も携えて旅をしてきた。本書『建築のポートレート』は、一九六四年以来そうして旅をするなかで撮られた写真とともに、それらの写真とあらためて向き合い、書き下ろされた文章を並べて載せた本である。範囲がアメリカ合衆国とヨーロッパに限られているのは、写真を選ぶうちいつしか決まったことで、それほど強い意図はない。積み重なるキャビネットにしまわれた膨大な数のスライドを前にし、とりあえず対象を絞ることが作業に求められたためだったかもしれない。

先に引用した文に続けて、香山は次のように書いている。「そのようなスケッチを見て明らかなことは、建築家は、自分の見たいものを見、そして自分の描くように見ているということである」。これも写真においても同じだろう。写真も撮影者の見たいものが見られるものであり、そこに撮影者固有のまなざしが投影される。ただ、カメラという機械を介しているぶん、スケッチと比べてその現れはより客観的になる。そのことで写真は撮影者から離れて素っ気ないものになってしまう場合もあれば、撮影者自身が認識していなかったものを事後的に示してくれることになる場合もある。しかし、いずれにせよまずはそれぞれの現場で対象を見つめ、その有り様を感じるという行為が必要になるはずだ。スケッチと比べて手軽だからという成り行きでいい加減に撮られた写真には、いい加減なものしか写らない。その点、香山の写真はいい加減なものではなかった。

この本に収録された写真三六点のうち二五点までが、一九六四年から六七年のおよそ三年間、つまり一九三七年生まれの香山の二十代後半から三十代にかけて、その建築の修業時代に撮られたものだ。

六四年、香山は建築家ルイス・カーンに学ぶため、初めてアメリカに渡る。飛行機は西海岸のロサンジェルスに到着し、そこから大陸横断バスに乗ってアメリカ各地に立ち寄りながら、カーンがいるフィラデルフィアのペンシルヴェニア大学へ向かった。「九十九ドルで、九十九日間乗り放題という、グレイハウンドバス会社の格安キップを使ったのである」[*1]。本書に載るもっとも古い一枚、タオス・プエブロの写真はその時に撮られている。

その後、ペンシルヴェニア大学で修士課程を終えた香山は、そのままアメリカでしばらく働いたのち、六六年、これも格安の貨物船で大西洋を越える。ヨーロッパの建築を見て回るためだった。ロンドンで働きながら旅の準備をし、翌六七年にまずミラノでフィアット五〇〇を購入、北はスコットランドから南はギリシャまで、建築を訪ねて八ヶ月にわたり各地を走破した。

> 見たい建物のあるところまで来ると、近くの公園や森のキャンプ場にテントを張った。食べものは村や町の市場で求め、アメリカ以来、旅には常に持ち歩いているキャンプ用ストーブで料理した。満足できるまで建築を見、スケッチし、思ったことをノートに記しながら留まった。仕事から離れ、身分も所属もなく、全くの放浪無頼の旅だった。（香山壽夫「見る、描く、考える——旅で学ぶということ」『Bulletin』日本建築家協会関東甲信越支部、二〇一六年九月号）

このような旅行で多くの写真は撮られた。しかし、それは必ずしも十分な数ではなかったかもしれない。当時の香山にとってカラーのポジフィルムは高価で貴重なものであり、あらかじめ一つの建築で使える枚数を決めて撮影したほどだという。一枚一枚の写真は、今とは異なる重みをもっていた。さらに海外旅行が自由化されたばかりの一ドル三六〇円の時代、それぞれの建築は再び訪れることはないものとして感じられていたのではないだろうか。またそれらの建築は、今のようにインターネットで無数の鮮明な画像をたやすく見ることができるようなものではなかった。香山が学んだ当時の東京大学でも、建築史の講義でスライドが用いられることはまだなかったという。[*2] 一連の旅行で自分が撮影する写真が、後に数々の講義や書籍で多用されることになるとは考えもしなかったにせよ、建築を研究する者にとって世界各地の建築を写したカラー写真が財産になるという認識は、当時の香山にもあったにちがいない。だからそこで撮られた写真は切実なものだった。

　こうした撮影の背景は、そこに写る建築や都市を今なお生き生きと見せることの一因になっていると思われる。うかつに撮られた写真は撮影者の体験から離れ、その画像が外在化し、いずれ体験の記憶をにべもなく上書きする。けれども香山にはうかつに写真を撮る余裕はなかった。そしてお金の余裕はなかったが時間の余裕はあった。時には一枚の写真を撮るため、望ましい光を何日も待つことさえあったという。そうした体験の濃度が、機械が写す画像に生気をもたらし、主観と客観の響き合いのなかで、新たな意味を生成するのだと思う。

　例えばパーム・ハウスやテンピエットの写真に顕著に見られる独特の構図は建築家としてのまなざしを強く感じさせるもので、今回新しく書かれた文章では、それぞれの構図であることの意味が的確に述べられている。しかし果たしてそれらの写真は、そうした建築的意味に対する意識が先にあって、それを表現するために撮られたのだろうか。多くの写真を見ていると、必ずしもそうではない気がする。個々の建築を目の当たりにした若者の直観によってまず撮影され、その写真が事後的に、若者に建築家としてのまなざしを与えたとも考えられるのではないか。

　本書の写真に写る建築や都市は、その後の建築家としての香山の血となり肉となったようなものばかりだ。書籍や雑誌でそれぞれの建築のことを知り、実際にそこを訪れ、その後二度三度と訪れている場所もあるかもしれないが、そこから空間と時間を隔てたところでまたその建築を思い出す。おそらくそうした行為の蓄積が、一人の建築家を育てるのだろう。そしてその過程で写真が記憶の再生装置として働くとしても、その都度思い出されることは決して過去の正確な反復ではないはずだ。過去が現在に影響し、現在が過去に影響する。本書における写真と文章の構成は、そうした過去と現在との動的な関係を垣間見せる。

　ところで写真はしばしば不在の象徴であると言われる。写真に写るものは、かつて在った／今はもうない、写真はそのことを見る者に暗示する。ところが建築の写真、とりわけこの本に載っているような西洋の歴史的な建築の場合どうだろうか。ある建築は数百年ないし千年以上前から存在し、今も変わらずそこに立っている。無意識のうちであれ、私たちはそういった認識をもって、その建築の写真を見ている（むしろ建築よりも先に、それを写したフィルムのほうが劣化し、失われてしまうのを心配するほどだ）。そして専門的な建築写真は、そうした建築の普遍性や超越性、永遠性あるいは無時間性を明示する撮り方をし、十九世紀の写真の発明以来、その撮影技法は独特の洗練を続けてきた。

　しかし香山は建築のプロではあっても建築写真のプロではなかった。プロとして建築を見つめつつも、アマチュアとしてそれを撮影した。基本的に三脚は用いず、一眼レフを自分の目の高さにかまえる。視界が不自然に広がる広角レンズは好まない。その場にいる人々や日常の情景、旅をする自分の感情に基づいてシャッターを切る。だから香山の写真は、その場の空気感とそこに立つ撮影者自身の身体性を色濃く湛えている。建てられてから長い年月を経た建築の確固たる存在に向き合いつつも、その存在を絶対視するのではなく、自らが生きる現在との関係のなかで捉える。このことは単なる写真の趣味や技術の問題を超えて、香山の建築観や歴史観を反映していると思われる。

　建築は普遍的な物として、超越的なかたちとして、他から自律して存在するわけではない。ある時代のある場所、様々なものごととの複雑な関係の網の目のなかに存在する。例えばスタンレー＝ホイットマン邸やスケリッグ・マイケルの修道院についての文章は、香山のこうした考えをはっきりと示しているだろう。それぞれの建築は必ずしも美的に傑出しているわけではない。技術や様式の歴史的な蓄積に裏打ちされているわけではない。しかしそこには、それぞれの建築を必要とした人々の生活あるいは人生の切実さがあった。そこに確かに根ざしていることが、むしろそれらの建築を歴史上に固有なものとして位置づけている。次の文は、香山がアメリカに留学する三年前、日本の大学院生だった頃に書かれたものだ。香山が建築を考える際の根本が、この時すでに確立している。

建築が豊かな内容をもつのは、つねに人間がそこに存在しているからであって、建築の美しさは冷たく凍った抽象の美として存在するものではない。建築をつくるということは、すなわち人間の生活する空間をつくるということは、有機的統一体としての人間の生活を、その空間において実現するということに他ならない。（香山壽夫「明日の統一をめざして」『美術手帖』一九六一年一〇月増刊号）

建築家は歴史に倣うだろう。しかしその歴史とは、建築の結果としてのかたちそのものではない。かたちをなぞることだけでは、その建築を生み出した源泉は捉えきれない。歴史に倣うとすれば、歴史上その時々の現在を切実に生き、そこに固有の建築をつくってきた人間と建築の関係こそまず倣うべきではないか。香山の師ルイス・カーンは、「はかりしれないものが歴史に先立ってあったはずです」と述べている。[*3] 本書の試みは、香山が過去に訪れた建築や都市を、それらの写真を介して現在に思い出すことにあったが、香山がこれまで建築家として続けてきた試みは、歴史に先立って建築を生み出してきたものを現在に思い出すことにあったのではないか。本書の編集作業を経て、そのようなことを考えている。

*1——香山壽夫『ルイス・カーンとはだれか』王国社、二〇〇三年、五一頁

*2——「その頃は、まだ講義にスライドが用いられることは行われておらず、藤島［亥治郎］先生は、バニスター・フレッチャーの建築史の説明図を授業用に拡大した図を、黒板に画鋲でとめて用いられていた。」（前掲『ルイス・カーンとはだれか』四八頁）

*3——ルイス・カーン「一九七三年、ブルックリン、ニューヨーク」（一九七三年の講演録）、『ルイス・カーン建築論集』前田忠直訳、鹿島出版会、一九九二年、二三頁

略歴

香山壽夫（こうやま・ひさお）

建築家。香山壽夫建築研究所主宰、東京大学名誉教授、アメリカ建築家協会名誉会員。一九三七年生まれ。一九六〇年に東京大学工学部建築学科を卒業、同大学院を経て、六四年から六五年にかけてペンシルヴェニア大学大学院に留学、建築家ルイス・カーン、ロバート・ヴェンチューリらに学ぶ。その後、九州芸術工科大学・東京大学・明治大学などで建築の教育・研究に従事するとともに、学校・劇場・宗教施設などの建築の設計や改修を多く手がける。《彩の国さいたま芸術劇場》（一九九四年）で村野藤吾賞・日本建築学会賞作品賞、《聖学院大学礼拝堂・講堂》（二〇〇四年）で日本芸術院賞など、受賞多数。主な著書に『荒野と開拓者——フロンティアとアメリカ建築』（丸善）、『建築家のドローイング』、『建築意匠講義』（以上、東京大学出版会）、『建築家の仕事とはどういうものか』、『ルイス・カーンとはだれか』、『人はなぜ建てるのか』、『プロフェッショナルとは何か——若き建築家のために』（以上、王国社）、『建築を愛する人の十二章』（左右社）など。

長島明夫（ながしま・あきお）

編集者。一九七九年生まれ。出版社エクスナレッジ勤務を経て独立。二〇〇九年、個人雑誌『建築と日常』を創刊し、以降同誌にて香山に二度のロングインタヴューをする。主な編書に『映画空間４００選』（結城秀勇との共編、ＩＮＡＸ出版）、『建築家・坂本一成の世界』（坂本一成との共著、ＬＩＸＩＬ出版）など。

建築のポートレート

二〇一七年三月一日　初版第一刷発行

写真・文　香山壽夫
編集　長島明夫
発行者　佐竹葉子
発行所　ＬＩＸＩＬ出版
〒一〇四－〇〇三一
東京都中央区京橋三－六－十八
電話　〇三－五二五〇－六五七一
ＦＡＸ　〇三－五二五〇－六五四九
http://www1.lixil.co.jp/publish/

ブックデザイン　郡司龍彦
印刷・製本　光村印刷株式会社

ISBN 978-4-86480-027-3